AF243595

PÉTITION

Des Citoyens soussignés, Agriculteurs, Commerçants, Manufacturiers, Fabricants, Artisans et de diverses autres professions de la ville de Nantes,

A L'ASSEMBLÉE NATIONALE.

18 janvier 1792

Messieurs,

Pressés par le plus impérieux, par le plus saint des devoirs, celui de notre propre conservation et du salut de l'État entier compromis, nous venons joindre nos vives, nos instantes réclamations, et le foible tribut de nos réflexions et de notre expérience, à celui que vous a déja porté la ville de Lyon, dans sa pétition du 18 Décembre dernier, sur les causes et les effets du discrédit allarmant des Obligations Nationales, et sur les moyens aussi certains qu'ils sont urgents pour remédier à une aussi effrayante calamité.

Nous avons trouvé dans cette Pétition l'expression simple, mais claire, mais énergique et pressante, de tous nos sentiments, de tous nos vœux ; vérité dans les principes, sagesse dans les vues, efficacité dans les moyens qu'elle propose, et par-dessus tout un attachement inviolable aux bases sacrées de notre heureuse Constitution.

Des relations nécessaires et non interrompues avec tous les peuples de l'Europe, nous mettent journellement à lieu, comme nos freres les Citoyens de Lyon, de connoître les dispositions de ces peuples, les motifs de leur confiance ou de leurs allarmes par rapport à notre crédit national et particulier ; et dans ces confidences de l'intérêt et de l'amitié, la vérité se montre toujours à découvert. Comme Citoyens, nous devons à l'État, dont vous balancez les intérêts, de vous la dévoiler toute entiere ; comme portion du Peuple qui souffre, et dont vous êtes les Représentants et les Mandataires, c'est encore vers vous, MESSIEURS, que se dirigent, et l'expression de notre douleur, et l'attente du remede, et l'indication des moyens que vous seuls pouvez employer efficacement pour arrêter enfin les progrès du mal qui nous presse de toutes parts, puisqu'en vous seuls réside le pouvoir dont la Nation souveraine ne vous a revêtus que pour procurer son bonheur.

Mais, MESSIEURS, il est une quatrieme et puissante cause du discrédit national et particulier, que les Citoyens de Lyon, éloignés de nos côtes maritimes, n'ont pu que foiblement sentir dans les premiers moments, et qu'ils ne vous ont pas développée ; c'est la dévastation de notre Colonie de Saint-Domingue, nagueres si riche et si florissante, et que couvrent maintenant des monceaux de cendres !

On vous répétera peut - être, MESSIEURS, avec ce dédain insultant qu'affiche la plus ignorante malveillance; *A quoi nous servent nos Colonies ?* . . . A quoi nous servent nos Colonies? A balancer avec le plus grand avantage pour l'État l'importation des marchandises et denrées étrangeres, dont la France ne peut se passer. A quoi nous servent nos Colonies? Que l'on consi-dere avec quelle rapidité nos changes avec l'Étranger ont baissé depuis que nous n'a-vons plus à lui offrir en paiement l'échange précieux de nos marchandises et denrées coloniales; que l'on réflechisse à quel su-renchérissement énorme cette baisse exces-sive des changes a porté pour les besoins de l'État les cuivres, les fers, les chanvres, les bois, les goudrons, les toiles dont la Marine Nationale ne peut s'approvisionner chez nous, et qui lui sont indispensables; quel impôt accablant pour le François cette baisse met sur lui en faveur de l'Étranger sur les consommations néces-saires des plus pauvres d'entre nous, par le renchérissement excessif des objets les plus usuels, des denrées et du grain même, dont l'importation est devenue, par cette cause seule impossible.

A quoi nous servoient enfin nos Colonies? Elles procuroient du travail à dix millions de bras qui font la force, comme ils sont la cause de la richesse de l'Empire François, et qu'il ne posséderoit pas sans cette mine féconde à l'exploitation de laquelle ils étoient sans cesse occuppés. Pour s'en convaincre, que l'on jette les yeux sur la désolation qui regne maintenant dans nos ports et sur tout ce qui les environne, depuis que cette clameur insensée, si elle n'étoit pas elle-même un crime, à provoqué les malheurs effroyables auxquels ces fertiles contrées sont maintenant en proie, et nous, et l'Etat avec elles.

Affligerons-nous de nouveau, MESSIEURS, votre trop juste sensibilité, en vous exprimant le sentiment cruel et sans cesse renouvellé de plaies profondes et saignantes? Vous retracerons-nous le déchirant tableau de villes, de campagnes en feu, de malheureux errants sans azyle, exposés à toute l'inclémence des saisons, sans vêtements,

sans pain, à la merci de leurs bourreaux ;
dont l'innocence de l'âge le plus tendre,
la foiblesse du sexe le plus timide ne font
qu'exciter la férocité? Et ces malheureux,
ce sont nos plus proches, ce sont nos freres,
nos peres, nos épouses, nos enfants ; ils
sont aussi vos concitoyens, ils sont François,
et vous êtes leurs Représentants !

Ah ! Si un intérêt aussi grand nous per-
mettoit de rappeller vos regards sur nous,
sur tous les Ports de France, dont les for-
tunes reposoient en majeure partie dans la
Colonie de Saint - Domingue , sur cette
immense population dont toutes les ressources sont anéanties par ces affreux désastres, sur ces Fabriques, ces Chantiers, ces
Atteliers, qui vont se trouver déserts, sur
tous ces Ouvriers, ces Marins, ces Voitu-
riers, ces Porte-faix , ces Citoyens de tout
âge, de toute profession , de tout sexe,
auxquels la ruine de notre Colonie de Saint-
Domingue, enleve leur pain en les privant
des occupations qui leur procuroient les
moyens de subsister , combien vos cœurs
en seroient encore vivement émus !

(7)

Oui, Messieurs, la source du crédit particulier est desséchée dans les contrées les
plus florissantes de l'Empire François, dans
les Départements maritimes, par l'incendie
du Port-au-Prince, dont les flammes ont
dévoré et les propriétés mobiliaires que le
Commerce de France y avoit accumulées,
et peut-être même les titres non moins
précieux de ses créances.

Toutes nos ressources pour de nouvelles
entreprises, pour le rétablissement de la
Colonie, déjà bien affoiblies par les calamités
de la Province du Nord, ont presqu'entié-
rement disparu dans ce nouvel incendie :
nos Vaisseaux vont pourrir dans nos Ports,
ou seront vendus à l'Etranger, et tous les
bras qui les faisoient mouvoir, tous ceux
qui travailloient à leur armement, à leur
radoub, à leur équipement, tous ceux encore
qui, dans les diverses parties du Royaume,
étoient employés à former leurs riches car-
gaisons, vont être livrés à la plus funeste
inaction, ou forcés de chercher dans une
terre étrangere, et peut-être parmi nos
ennemis, les moyens d'une subsistance

nécessaire que leur Patrie ne pourra plus leur offrir. L'Agriculture, dont les produits les plus précieux trouvoient dans la Colonie une consommation sûre, abondante et avantageuse, va ressentir un rude contre-coup : les revenus même de l'État vont souffrir un terrible échec, par la privation des droits d'entrée et de sortie sur les denrées et marchandises, tant de nos Colonies, que de celles dont elles servoient à nous procurer l'échange ; et par l'impossibilité de percevoir l'impôt sur la misere.

Nous frémissons, MESSIEURS, et vous frémirez avec nous des suites incalculables que vont avoir pour la France et sur-tout pour ses Départements ci - devant les plus riches et les plus peuplés, les désastres multipliés et toujours croissants de nos Colonies.

Que vont devenir ces grandes, riches et populeuses cités, Marseille, Bayonne, Bordeaux, la Rochelle, Nantes, S. Malo, le Havre, Rouen, Dunkerque, et tant d'autres, dont la prospérité étoit liée à celle de ces Ports ? Que vont devenir toutes les Rafineries, toutes les Teintureries, toutes les Filatures et Fabriques de Cotton qui couvrent la surface de la France, dénuées des matieres premieres qui servent d'alimens à leurs travaux ? Déjà leurs prix extrêmes et fort au-dessus des facultés des consommateurs, menaçoient toutes ces Fabriques d'une longue interruption ; aujourd'hui leurs espérances même se sont évanouies avec les nôtres.

Vous qui tenez du choix de vos Concitoyens la qualité auguste de leurs Représentants, vous qui avez reçu de leur confiance celle de défenseurs de leurs plus chers intérêts, vous que le peuple n'a momentanément élevés au - dessus de lui que pour veiller à son bonheur, la France entiere vous les indique ces intérêts pressants : relevez promptement le crédit chancelant de l'État, en fixant enfin un ordre invariable dans l'Administration de ses finances ; que les dépenses fixes, balancées par des recettes également fixes, ne permettent plus la ressource funeste et si justement proscrite des anticipations , ou , ce qui revient au même , des ressources de l'extraordinaire pour frayer aux dépenses de l'ordinaire : par-là vous tarirez la source du déficit des finances , moyen unique d'alléger pour le peuple le poids accablant de l'impôt ; alors disparoîtra le plus scandaleux des agiotages, celui qui s'exerce sur la monnoie forcée de l'État , sur le salaire du peuple , sur le plus inviolable gage de la loyauté françoise, les Obligations Nationales.

Nous l'avons prononcé , MESSIEURS , ce mot à jamais sacré *d'Obligations Nationales :* telle est la dénomination indélébile, telle est l'essence même de ce papier; la pâte qui le compose en porte l'empreinte et le témoignage authentique ; et si l'extinction en est *assignée* sur les Domaines Nationaux, qui jusqu'à présent ont offert un gage suffisant de sa solidité , qu'elles précautions ne convient-il pas de prendre pour que ce gage puisse toujours inspirer la même confiance? et certes il l'inspirera s'il reste toujours dans une proportion supérieure et bien constatée avec la dette ex traordinaire de l'État , et si des besoins impérieux , devant lesquels la sagesse même est quelquefois obligée de fléchir , mais dont elle sçait empêcher le retour , ne forcent pas à recourir à cette ressource qui a pu être utile , mais qui n'est devenue que trop périlleuse.

Nous nous estimerons moins malheureux, MESSIEURS , si , en adhérant aux sages conclusions de la Pétition de la ville de Lyon, nous avons pu fixer encore vos regards sur les objets importants dont il doit nous suffire d'avoir pu vous tracer une foible esquisse , et si nous avons réussi à vous faire prendre dans la plus sérieuse considération les moyens suivants seuls efficaces pour le rétablissement du crédit public et particulier.

1°. Que la valeur des Biens Nationaux , encore sans doute plus que suffisante pour acquitter la dette extraordinaire de l'État , ne peut plus être distraite de cet emploi pour les besoins ordinaires auxquels les revenus ordinaires doivent suffire.

2°. Que l'Industrie et le Commerce ont

le plus pressant besoin de votre attention spéciale et de toute votre influence pour que les loix et la force publique puissent maintenir leurs travaux et leurs propriétés, principalement dans nos Colonies, et réparer, s'il est possible, les maux affreux que l'anarchie y a opérés.

3°. Qu'une justice prompte et sévere poursuive les criminels auteurs des complots sanguinaires qui ont ravagé ces riches et florissantes Contrées, afin que la terreur puisse les empêcher d'en consommer la dévastation.

4°. Que tous ceux qui machinent au-dedans comme au-dehors le renversement de notre heureuse Constitution, soient poursuivis sans relâche comme sans pitié, afin que l'Europe qui nous regarde avec intérêt dans cette lutte longue et périlleuse, puisse se réjouir avec nous, et nous rendre enfin une confiance qu'elle tient encore comme suspendue, et qui est toute prête à nous échapper, si nous ne nous montrons pas dignes de la fixer irrévocablement.

Tel est, MESSIEURS , le langage de Citoyens , pour qui la liberté n'est pas un présent tout-à-fait nouveau , et qui avoient déjà
soutenu pour elle plus d'un combat avant
l'époque heureuse qui nous l'a rendue plus
assurée et plus chere , en nous la faisant
partager avec tous les François ; tel est le
langage que vous êtes dignes d'entendre ,
parce que vous l'êtes et le serez toujours
de procurer le bonheur du peuple jaloux
de vous prodiguer ses bénédictions , et qui
n'attend que de votre sagesse la fin des
maux qui l'accablent.

A Nantes , le 18 Janvier 1792.

Mathurin Baudouin , Odiette , A. F.
DelaVille , Barré , Legris aîné , Baras ,
Gaborit, Lincoln, J. Vidie, Nagant, Becon-
nais , Bazelais - Rucher , Duvau freres , de
Bourgues , Marchandeau , Onfroy , Hague-
lon , Gorgerat freres , Briau , Taschereau ,
Van - Neunen junior , Bellier fils , P. T.
Tessier, Ricordel , Sarrebourse, Despilly,
Albert Sigoigne ; Van-Neunen fils , Coiron
fils , Babin jeune , Douaud et Tranchevent ,
Bureau , Gaudet , le Feuvre fils , J . Guertin ,

Langevin jeune , Cadou , Taboureux ;
Jaillantd e Chantelot, Leroux de Comme-
quiers , Thomas , Touzeau, Duchesne ,
Tranchevent aîné , Averin , G. Dupuy ;
P. Griffon , Blanchard , F. Davau , Thibaud,
Pelieu , Scherb , J. Desloges , J. B. Babin ,
Gaultier - Daigrémont , Godais , Arnaud ,
Bourgerel , Poulle , Leroux - Durandrie ,
Cuissart , B. Chevy , Claveau , R. Bourgerel
Fils , Dulau et Comp. F. Pineau , G. Gallon
pere , Meinert et Peyrusset , Van-Putten ,
Berghman , Favereau , Colleno et Comp.
D. Anthoine , Quillaud aîné , Charles ,
Clanchy , J. Marion , L. Chevallier , Barthe-
lemi , Prale , Dugas Fils , Bouchet , L. M.
Sagory , Mouquet , Truen , J. Viau , A.
Joullain , Lyrolle , Poisson , Reverier J.
J. Cormier , le Mesle , Oursel et Comp.
Gaillard , Fleury , G. Grelier , Michaud ,
Gabriel Nourry , F. d'Havelooze , Lambert ,
J. J. Delpech , Couprie jeune , B. Lagarde ,
Lepot , de Bourgerel aîné , Le Masne et
fils , Lagarde aîné , L. J. Rossel de Belly ,
C. Bouteiller , J. Briere , Rolland , Petit-
Desrochettes , F. Van-Neunen et Etienne ,
F. Demony , P. Hardouin , Bazin , Bridon , T.

H. Pesneau, Vilmain, Riverin, Gruget jeune,
R. Nau aîné, Pinchard, le Masne, Mayri,
et Scheult, Felix Helie, P. M. Goullin,
Lormier, Guichard, J. C. Sauerwald, Huet,
Vallée, Jochaud - Duplessix, Kermen,
Rozier, Menuret, Chaton, Pichaud, A.
Menard, Boudet, Ruinet, Desbois, Maublanc,
Prebois, Dumaine, Belnard, Gallwey,
Dupoirier pere et fils, Perrotin pere et fils,
Demarest, Liger, Delamare, Nau, Meusnier.
Pradel neveu, Greland, Ducros, F. Touchy,
Constans, C. Merger, G. Lavigne, Lionnet,
Reynaud, Le Borgne, Gillet, Dutertre,
Schweighauser et Dobrée, Pelloutier,
Bourcard et Comp. Philipe et Admyraud,
Blin, D. M. Hurinne, Tourgouilhet, Fru-
chard, Texier, Beguyer, Fruchard fils, A. de
Tollenard, N. Arnous pere et fils, Jouter,
Mulonniere fils jeune, Guerin, Doudet, Blot
et Salentin, Feydau et Thebaud, Panneton
jeune, P. Lormier, Belloc et Bournichon,
Pradel, D. Deurbroucq et fils. Thomas
freres, Auvray; Faligan, Regisseur de la
Manufacture d'Indiennes, de MM. Pelloutier
Bourcard et Comp. occupant cent cinquante
ouvriers. Saget, comme dirigeant une

Filature qui occupe plus de six cents ouvriers. Dubern et Comp. Chefs d'une Manufacture d'indiennes, occupant deux cents ouvriers. Forestier, Manufacturier d'indiennes, occupant cent ouvriers, D. Schweighauser, B. Schweighauser, Respinger, Guisendeurfler, Petit-Pierre et Comp. Chef d'une Manufacture, occupant trois cents ouvriers. A. Simon et Roques, Arnous-Riviere, P. Perrotin, Lagarde aîné, Jacquier et Bosset, A. Maucorps et Comp. Moller, L. Gallon, Orillard aîné, Chef d'une Manufacture d'indiennes et Teinturerie, occupant trois cents ouvriers et entrenant en outre mille ouvriers dans divers cantons de France, notamment à Rennes, pour filature et tisserandrie. J. Prevôt, Cossin, J. A. Barbier, Kervegan, Robineau de Bougon.

A NANTES, de l'Imprimerie de DESPILLY, Imprimeur de la Société d'Agriculture & de Commerce, 1792.